# Log Book Details



| | |
|---|---|
| Log Start Date | |
| Log Book Number | |

**DETAILS**

| | |
|---|---|
| Name | |
| Address | |
| | |
| | |
| Email Address | |
| Mobile Number | |
| Work Number | |
| Fax Number | |

| | |
|---|---|
| **CUSTOMER:** | **CUSTOMER NAME:** |
| **CONTACT ADDRESS:** | |
| | |
| **CONTACT NO:** | **EMAIL:** |
| **OCCUPATION:** | **BIRTHDAY:** |

| APPOINTMENT DATE | TIME | SERVICE | AMOUNT | REMARKS |
|---|---|---|---|---|
| | | | | |
| | | | | |
| | | | | |
| | | | | |
| | | | | |
| | | | | |
| | | | | |
| | | | | |
| | | | | |
| | | | | |
| | | | | |
| | | | | |
| | | | | |
| | | | | |
| | | | | |
| | | | | |
| | | | | |
| | | | | |
| | | | | |

| CUSTOMER: | CUSTOMER NAME: |
|---|---|
| CONTACT ADDRESS: | |
| | |
| CONTACT NO: | EMAIL: |
| OCCUPATION: | BIRTHDAY: |

| APPOINTMENT DATE | TIME | SERVICE | AMOUNT | REMARKS |
|---|---|---|---|---|
| | | | | |
| | | | | |
| | | | | |
| | | | | |
| | | | | |
| | | | | |
| | | | | |
| | | | | |
| | | | | |
| | | | | |
| | | | | |
| | | | | |
| | | | | |
| | | | | |
| | | | | |
| | | | | |
| | | | | |
| | | | | |

| | |
|---|---|
| **CUSTOMER:** | **CUSTOMER NAME:** |
| **CONTACT ADDRESS:** | |
| | |
| **CONTACT NO:** | **EMAIL:** |
| **OCCUPATION:** | **BIRTHDAY:** |

| APPOINTMENT DATE | TIME | SERVICE | AMOUNT | REMARKS |
|---|---|---|---|---|
| | | | | |
| | | | | |
| | | | | |
| | | | | |
| | | | | |
| | | | | |
| | | | | |
| | | | | |
| | | | | |
| | | | | |
| | | | | |
| | | | | |
| | | | | |
| | | | | |
| | | | | |
| | | | | |
| | | | | |
| | | | | |
| | | | | |

| CUSTOMER: | CUSTOMER NAME: |
|---|---|
| CONTACT ADDRESS: | |
| | |
| CONTACT NO: | EMAIL: |
| OCCUPATION: | BIRTHDAY: |

| APPOINTMENT DATE | TIME | SERVICE | AMOUNT | REMARKS |
|---|---|---|---|---|
| | | | | |
| | | | | |
| | | | | |
| | | | | |
| | | | | |
| | | | | |
| | | | | |
| | | | | |
| | | | | |
| | | | | |
| | | | | |
| | | | | |
| | | | | |
| | | | | |
| | | | | |
| | | | | |
| | | | | |
| | | | | |
| | | | | |

| CUSTOMER: | CUSTOMER NAME: |
|---|---|
| CONTACT ADDRESS: | |
| | |
| CONTACT NO: | EMAIL: |
| OCCUPATION: | BIRTHDAY: |

| APPOINTMENT DATE | TIME | SERVICE | AMOUNT | REMARKS |
|---|---|---|---|---|
| | | | | |
| | | | | |
| | | | | |
| | | | | |
| | | | | |
| | | | | |
| | | | | |
| | | | | |
| | | | | |
| | | | | |
| | | | | |
| | | | | |
| | | | | |
| | | | | |
| | | | | |
| | | | | |
| | | | | |
| | | | | |
| | | | | |

| | |
|---|---|
| **CUSTOMER:** | **CUSTOMER NAME:** |
| **CONTACT ADDRESS:** | |
| | |
| **CONTACT NO:** | **EMAIL:** |
| **OCCUPATION:** | **BIRTHDAY:** |

| APPOINTMENT DATE | TIME | SERVICE | AMOUNT | REMARKS |
|---|---|---|---|---|
| | | | | |
| | | | | |
| | | | | |
| | | | | |
| | | | | |
| | | | | |
| | | | | |
| | | | | |
| | | | | |
| | | | | |
| | | | | |
| | | | | |
| | | | | |
| | | | | |
| | | | | |
| | | | | |
| | | | | |
| | | | | |
| | | | | |

**CUSTOMER:**

**CUSTOMER NAME:**

**CONTACT ADDRESS:**

**CONTACT NO:**

**EMAIL:**

**OCCUPATION:**

**BIRTHDAY:**

| APPOINTMENT DATE | TIME | SERVICE | AMOUNT | REMARKS |
|---|---|---|---|---|
| | | | | |
| | | | | |
| | | | | |
| | | | | |
| | | | | |
| | | | | |
| | | | | |
| | | | | |
| | | | | |
| | | | | |
| | | | | |
| | | | | |
| | | | | |
| | | | | |
| | | | | |
| | | | | |
| | | | | |
| | | | | |
| | | | | |

| | |
|---|---|
| **CUSTOMER:** | **CUSTOMER NAME:** |
| **CONTACT ADDRESS:** | |
| | |
| **CONTACT NO:** | **EMAIL:** |
| **OCCUPATION:** | **BIRTHDAY:** |

| APPOINTMENT DATE | TIME | SERVICE | AMOUNT | REMARKS |
|---|---|---|---|---|
| | | | | |
| | | | | |
| | | | | |
| | | | | |
| | | | | |
| | | | | |
| | | | | |
| | | | | |
| | | | | |
| | | | | |
| | | | | |
| | | | | |
| | | | | |
| | | | | |
| | | | | |
| | | | | |
| | | | | |
| | | | | |
| | | | | |

| | |
|---|---|
| **CUSTOMER:** | **CUSTOMER NAME:** |
| **CONTACT ADDRESS:** | |
| | |
| **CONTACT NO:** | **EMAIL:** |
| **OCCUPATION:** | **BIRTHDAY:** |

| APPOINTMENT DATE | TIME | SERVICE | AMOUNT | REMARKS |
|---|---|---|---|---|
| | | | | |
| | | | | |
| | | | | |
| | | | | |
| | | | | |
| | | | | |
| | | | | |
| | | | | |
| | | | | |
| | | | | |
| | | | | |
| | | | | |
| | | | | |
| | | | | |
| | | | | |
| | | | | |
| | | | | |
| | | | | |
| | | | | |

| | |
|---|---|
| **CUSTOMER:** | **CUSTOMER NAME:** |
| **CONTACT ADDRESS:** | |
| | |
| **CONTACT NO:** | **EMAIL:** |
| **OCCUPATION:** | **BIRTHDAY:** |

| APPOINTMENT DATE | TIME | SERVICE | AMOUNT | REMARKS |
|---|---|---|---|---|
| | | | | |
| | | | | |
| | | | | |
| | | | | |
| | | | | |
| | | | | |
| | | | | |
| | | | | |
| | | | | |
| | | | | |
| | | | | |
| | | | | |
| | | | | |
| | | | | |
| | | | | |
| | | | | |
| | | | | |
| | | | | |

| | |
|---|---|
| **CUSTOMER:** | **CUSTOMER NAME:** |
| **CONTACT ADDRESS:** | |
| | |
| **CONTACT NO:** | **EMAIL:** |
| **OCCUPATION:** | **BIRTHDAY:** |

| APPOINTMENT DATE | TIME | SERVICE | AMOUNT | REMARKS |
|---|---|---|---|---|
| | | | | |
| | | | | |
| | | | | |
| | | | | |
| | | | | |
| | | | | |
| | | | | |
| | | | | |
| | | | | |
| | | | | |
| | | | | |
| | | | | |
| | | | | |
| | | | | |
| | | | | |
| | | | | |
| | | | | |
| | | | | |
| | | | | |

| | |
|---|---|
| **CUSTOMER:** | **CUSTOMER NAME:** |
| **CONTACT ADDRESS:** | |
| | |
| **CONTACT NO:** | **EMAIL:** |
| **OCCUPATION:** | **BIRTHDAY:** |

| APPOINTMENT DATE | TIME | SERVICE | AMOUNT | REMARKS |
|---|---|---|---|---|
| | | | | |
| | | | | |
| | | | | |
| | | | | |
| | | | | |
| | | | | |
| | | | | |
| | | | | |
| | | | | |
| | | | | |
| | | | | |
| | | | | |
| | | | | |
| | | | | |
| | | | | |
| | | | | |
| | | | | |
| | | | | |
| | | | | |

| | |
|---|---|
| **CUSTOMER:** | **CUSTOMER NAME:** |
| **CONTACT ADDRESS:** | |
| | |
| **CONTACT NO:** | **EMAIL:** |
| **OCCUPATION:** | **BIRTHDAY:** |

| APPOINTMENT DATE | TIME | SERVICE | AMOUNT | REMARKS |
|---|---|---|---|---|
| | | | | |
| | | | | |
| | | | | |
| | | | | |
| | | | | |
| | | | | |
| | | | | |
| | | | | |
| | | | | |
| | | | | |
| | | | | |
| | | | | |
| | | | | |
| | | | | |
| | | | | |
| | | | | |
| | | | | |
| | | | | |
| | | | | |

| | |
|---|---|
| **CUSTOMER:** | **CUSTOMER NAME:** |
| **CONTACT ADDRESS:** | |
| | |
| **CONTACT NO:** | **EMAIL:** |
| **OCCUPATION:** | **BIRTHDAY:** |

| APPOINTMENT DATE | TIME | SERVICE | AMOUNT | REMARKS |
|---|---|---|---|---|
| | | | | |
| | | | | |
| | | | | |
| | | | | |
| | | | | |
| | | | | |
| | | | | |
| | | | | |
| | | | | |
| | | | | |
| | | | | |
| | | | | |
| | | | | |
| | | | | |
| | | | | |
| | | | | |
| | | | | |
| | | | | |
| | | | | |

| CUSTOMER: | CUSTOMER NAME: |
|---|---|
| CONTACT ADDRESS: | |
| | |
| CONTACT NO: | EMAIL: |
| OCCUPATION: | BIRTHDAY: |

| APPOINTMENT DATE | TIME | SERVICE | AMOUNT | REMARKS |
|---|---|---|---|---|
| | | | | |
| | | | | |
| | | | | |
| | | | | |
| | | | | |
| | | | | |
| | | | | |
| | | | | |
| | | | | |
| | | | | |
| | | | | |
| | | | | |
| | | | | |
| | | | | |
| | | | | |
| | | | | |
| | | | | |
| | | | | |

| CUSTOMER: | CUSTOMER NAME: |
|---|---|
| CONTACT ADDRESS: | |
| | |
| CONTACT NO: | EMAIL: |
| OCCUPATION: | BIRTHDAY: |

| APPOINTMENT DATE | TIME | SERVICE | AMOUNT | REMARKS |
|---|---|---|---|---|
| | | | | |
| | | | | |
| | | | | |
| | | | | |
| | | | | |
| | | | | |
| | | | | |
| | | | | |
| | | | | |
| | | | | |
| | | | | |
| | | | | |
| | | | | |
| | | | | |
| | | | | |
| | | | | |
| | | | | |
| | | | | |
| | | | | |

| CUSTOMER: | CUSTOMER NAME: |
|---|---|
| CONTACT ADDRESS: | |
| | |
| CONTACT NO: | EMAIL: |
| OCCUPATION: | BIRTHDAY: |

| APPOINTMENT DATE | TIME | SERVICE | AMOUNT | REMARKS |
|---|---|---|---|---|
| | | | | |
| | | | | |
| | | | | |
| | | | | |
| | | | | |
| | | | | |
| | | | | |
| | | | | |
| | | | | |
| | | | | |
| | | | | |
| | | | | |
| | | | | |
| | | | | |
| | | | | |
| | | | | |
| | | | | |
| | | | | |
| | | | | |

| | |
|---|---|
| **CUSTOMER:** | **CUSTOMER NAME:** |
| **CONTACT ADDRESS:** | |
| | |
| **CONTACT NO:** | **EMAIL:** |
| **OCCUPATION:** | **BIRTHDAY:** |

| APPOINTMENT DATE | TIME | SERVICE | AMOUNT | REMARKS |
|---|---|---|---|---|
| | | | | |
| | | | | |
| | | | | |
| | | | | |
| | | | | |
| | | | | |
| | | | | |
| | | | | |
| | | | | |
| | | | | |
| | | | | |
| | | | | |
| | | | | |
| | | | | |
| | | | | |
| | | | | |
| | | | | |
| | | | | |
| | | | | |

**CUSTOMER:** 

**CUSTOMER NAME:** 

**CONTACT ADDRESS:** 

**CONTACT NO:** 

**EMAIL:** 

**OCCUPATION:** 

**BIRTHDAY:** 

| APPOINTMENT DATE | TIME | SERVICE | AMOUNT | REMARKS |
|---|---|---|---|---|
| | | | | |
| | | | | |
| | | | | |
| | | | | |
| | | | | |
| | | | | |
| | | | | |
| | | | | |
| | | | | |
| | | | | |
| | | | | |
| | | | | |
| | | | | |
| | | | | |
| | | | | |
| | | | | |
| | | | | |
| | | | | |
| | | | | |

| | |
|---|---|
| **CUSTOMER:** | **CUSTOMER NAME:** |
| **CONTACT ADDRESS:** | |
| | |
| **CONTACT NO:** | **EMAIL:** |
| **OCCUPATION:** | **BIRTHDAY:** |

| APPOINTMENT DATE | TIME | SERVICE | AMOUNT | REMARKS |
|---|---|---|---|---|
| | | | | |
| | | | | |
| | | | | |
| | | | | |
| | | | | |
| | | | | |
| | | | | |
| | | | | |
| | | | | |
| | | | | |
| | | | | |
| | | | | |
| | | | | |
| | | | | |
| | | | | |
| | | | | |
| | | | | |
| | | | | |
| | | | | |

| | |
|---|---|
| **CUSTOMER:** | **CUSTOMER NAME:** |
| **CONTACT ADDRESS:** | |
| | |
| **CONTACT NO:** | **EMAIL:** |
| **OCCUPATION:** | **BIRTHDAY:** |

| APPOINTMENT DATE | TIME | SERVICE | AMOUNT | REMARKS |
|---|---|---|---|---|
| | | | | |
| | | | | |
| | | | | |
| | | | | |
| | | | | |
| | | | | |
| | | | | |
| | | | | |
| | | | | |
| | | | | |
| | | | | |
| | | | | |
| | | | | |
| | | | | |
| | | | | |
| | | | | |
| | | | | |
| | | | | |
| | | | | |

| | |
|---|---|
| **CUSTOMER:** | **CUSTOMER NAME:** |
| **CONTACT ADDRESS:** | |
| | |
| **CONTACT NO:** | **EMAIL:** |
| **OCCUPATION:** | **BIRTHDAY:** |

| APPOINTMENT DATE | TIME | SERVICE | AMOUNT | REMARKS |
|---|---|---|---|---|
| | | | | |
| | | | | |
| | | | | |
| | | | | |
| | | | | |
| | | | | |
| | | | | |
| | | | | |
| | | | | |
| | | | | |
| | | | | |
| | | | | |
| | | | | |
| | | | | |
| | | | | |
| | | | | |
| | | | | |
| | | | | |
| | | | | |

| CUSTOMER: | CUSTOMER NAME: |
|---|---|
| CONTACT ADDRESS: | |
| | |
| CONTACT NO: | EMAIL: |
| OCCUPATION: | BIRTHDAY: |

| APPOINTMENT DATE | TIME | SERVICE | AMOUNT | REMARKS |
|---|---|---|---|---|
| | | | | |
| | | | | |
| | | | | |
| | | | | |
| | | | | |
| | | | | |
| | | | | |
| | | | | |
| | | | | |
| | | | | |
| | | | | |
| | | | | |
| | | | | |
| | | | | |
| | | | | |
| | | | | |
| | | | | |
| | | | | |
| | | | | |

| CUSTOMER: | CUSTOMER NAME: |
|---|---|
| CONTACT ADDRESS: | |
| | |
| CONTACT NO: | EMAIL: |
| OCCUPATION: | BIRTHDAY: |

| APPOINTMENT DATE | TIME | SERVICE | AMOUNT | REMARKS |
|---|---|---|---|---|
| | | | | |
| | | | | |
| | | | | |
| | | | | |
| | | | | |
| | | | | |
| | | | | |
| | | | | |
| | | | | |
| | | | | |
| | | | | |
| | | | | |
| | | | | |
| | | | | |
| | | | | |
| | | | | |
| | | | | |
| | | | | |
| | | | | |

| | |
|---|---|
| **CUSTOMER:** | **CUSTOMER NAME:** |
| **CONTACT ADDRESS:** | |
| | |
| **CONTACT NO:** | **EMAIL:** |
| **OCCUPATION:** | **BIRTHDAY:** |

| APPOINTMENT DATE | TIME | SERVICE | AMOUNT | REMARKS |
|---|---|---|---|---|
| | | | | |
| | | | | |
| | | | | |
| | | | | |
| | | | | |
| | | | | |
| | | | | |
| | | | | |
| | | | | |
| | | | | |
| | | | | |
| | | | | |
| | | | | |
| | | | | |
| | | | | |
| | | | | |
| | | | | |
| | | | | |
| | | | | |

| CUSTOMER: | CUSTOMER NAME: |
| --- | --- |
| CONTACT ADDRESS: | |
| | |
| CONTACT NO: | EMAIL: |
| OCCUPATION: | BIRTHDAY: |

| APPOINTMENT DATE | TIME | SERVICE | AMOUNT | REMARKS |
| --- | --- | --- | --- | --- |
| | | | | |
| | | | | |
| | | | | |
| | | | | |
| | | | | |
| | | | | |
| | | | | |
| | | | | |
| | | | | |
| | | | | |
| | | | | |
| | | | | |
| | | | | |
| | | | | |
| | | | | |
| | | | | |
| | | | | |
| | | | | |
| | | | | |

| CUSTOMER: | CUSTOMER NAME: |
|---|---|
| CONTACT ADDRESS: | |
| | |
| CONTACT NO: | EMAIL: |
| OCCUPATION: | BIRTHDAY: |

| APPOINTMENT DATE | TIME | SERVICE | AMOUNT | REMARKS |
|---|---|---|---|---|
| | | | | |
| | | | | |
| | | | | |
| | | | | |
| | | | | |
| | | | | |
| | | | | |
| | | | | |
| | | | | |
| | | | | |
| | | | | |
| | | | | |
| | | | | |
| | | | | |
| | | | | |
| | | | | |
| | | | | |
| | | | | |
| | | | | |

| CUSTOMER: | CUSTOMER NAME: |
| --- | --- |
| CONTACT ADDRESS: | |
| | |
| CONTACT NO: | EMAIL: |
| OCCUPATION: | BIRTHDAY: |

| APPOINTMENT DATE | TIME | SERVICE | AMOUNT | REMARKS |
| --- | --- | --- | --- | --- |
| | | | | |
| | | | | |
| | | | | |
| | | | | |
| | | | | |
| | | | | |
| | | | | |
| | | | | |
| | | | | |
| | | | | |
| | | | | |
| | | | | |
| | | | | |
| | | | | |
| | | | | |
| | | | | |
| | | | | |
| | | | | |
| | | | | |

| | |
|---|---|
| **CUSTOMER:** | **CUSTOMER NAME:** |
| **CONTACT ADDRESS:** | |
| | |
| **CONTACT NO:** | **EMAIL:** |
| **OCCUPATION:** | **BIRTHDAY:** |

| APPOINTMENT DATE | TIME | SERVICE | AMOUNT | REMARKS |
|---|---|---|---|---|
| | | | | |
| | | | | |
| | | | | |
| | | | | |
| | | | | |
| | | | | |
| | | | | |
| | | | | |
| | | | | |
| | | | | |
| | | | | |
| | | | | |
| | | | | |
| | | | | |
| | | | | |
| | | | | |
| | | | | |
| | | | | |
| | | | | |

| | |
|---|---|
| **CUSTOMER:** | **CUSTOMER NAME:** |
| **CONTACT ADDRESS:** | |
| | |
| **CONTACT NO:** | **EMAIL:** |
| **OCCUPATION:** | **BIRTHDAY:** |

| APPOINTMENT DATE | TIME | SERVICE | AMOUNT | REMARKS |
|---|---|---|---|---|
| | | | | |
| | | | | |
| | | | | |
| | | | | |
| | | | | |
| | | | | |
| | | | | |
| | | | | |
| | | | | |
| | | | | |
| | | | | |
| | | | | |
| | | | | |
| | | | | |
| | | | | |
| | | | | |
| | | | | |
| | | | | |
| | | | | |

| CUSTOMER: | CUSTOMER NAME: |
|---|---|
| CONTACT ADDRESS: | |
| | |
| CONTACT NO: | EMAIL: |
| OCCUPATION: | BIRTHDAY: |

| APPOINTMENT DATE | TIME | SERVICE | AMOUNT | REMARKS |
|---|---|---|---|---|
| | | | | |
| | | | | |
| | | | | |
| | | | | |
| | | | | |
| | | | | |
| | | | | |
| | | | | |
| | | | | |
| | | | | |
| | | | | |
| | | | | |
| | | | | |
| | | | | |
| | | | | |
| | | | | |
| | | | | |
| | | | | |
| | | | | |

| CUSTOMER: | CUSTOMER NAME: |
|---|---|
| CONTACT ADDRESS: | |
| | |
| CONTACT NO: | EMAIL: |
| OCCUPATION: | BIRTHDAY: |

| APPOINTMENT DATE | TIME | SERVICE | AMOUNT | REMARKS |
|---|---|---|---|---|
| | | | | |
| | | | | |
| | | | | |
| | | | | |
| | | | | |
| | | | | |
| | | | | |
| | | | | |
| | | | | |
| | | | | |
| | | | | |
| | | | | |
| | | | | |
| | | | | |
| | | | | |
| | | | | |
| | | | | |
| | | | | |
| | | | | |

| | |
|---|---|
| **CUSTOMER:** | **CUSTOMER NAME:** |
| **CONTACT ADDRESS:** | |
| | |
| **CONTACT NO:** | **EMAIL:** |
| **OCCUPATION:** | **BIRTHDAY:** |

| APPOINTMENT DATE | TIME | SERVICE | AMOUNT | REMARKS |
|---|---|---|---|---|
| | | | | |
| | | | | |
| | | | | |
| | | | | |
| | | | | |
| | | | | |
| | | | | |
| | | | | |
| | | | | |
| | | | | |
| | | | | |
| | | | | |
| | | | | |
| | | | | |
| | | | | |
| | | | | |
| | | | | |
| | | | | |
| | | | | |

| CUSTOMER: | CUSTOMER NAME: |
|---|---|
| CONTACT ADDRESS: | |
| | |
| CONTACT NO: | EMAIL: |
| OCCUPATION: | BIRTHDAY: |

| APPOINTMENT DATE | TIME | SERVICE | AMOUNT | REMARKS |
|---|---|---|---|---|
| | | | | |
| | | | | |
| | | | | |
| | | | | |
| | | | | |
| | | | | |
| | | | | |
| | | | | |
| | | | | |
| | | | | |
| | | | | |
| | | | | |
| | | | | |
| | | | | |
| | | | | |
| | | | | |
| | | | | |
| | | | | |

| | |
|---|---|
| **CUSTOMER:** | **CUSTOMER NAME:** |
| **CONTACT ADDRESS:** | |
| | |
| **CONTACT NO:** | **EMAIL:** |
| **OCCUPATION:** | **BIRTHDAY:** |

| APPOINTMENT DATE | TIME | SERVICE | AMOUNT | REMARKS |
|---|---|---|---|---|
| | | | | |
| | | | | |
| | | | | |
| | | | | |
| | | | | |
| | | | | |
| | | | | |
| | | | | |
| | | | | |
| | | | | |
| | | | | |
| | | | | |
| | | | | |
| | | | | |
| | | | | |
| | | | | |
| | | | | |
| | | | | |
| | | | | |

CUSTOMER:

CUSTOMER NAME:

CONTACT ADDRESS:

CONTACT NO:

EMAIL:

OCCUPATION:

BIRTHDAY:

| APPOINTMENT DATE | TIME | SERVICE | AMOUNT | REMARKS |
|---|---|---|---|---|
| | | | | |
| | | | | |
| | | | | |
| | | | | |
| | | | | |
| | | | | |
| | | | | |
| | | | | |
| | | | | |
| | | | | |
| | | | | |
| | | | | |
| | | | | |
| | | | | |
| | | | | |
| | | | | |
| | | | | |
| | | | | |
| | | | | |

| | |
|---|---|
| **CUSTOMER:** | **CUSTOMER NAME:** |
| **CONTACT ADDRESS:** | |
| | |
| **CONTACT NO:** | **EMAIL:** |
| **OCCUPATION:** | **BIRTHDAY:** |

| APPOINTMENT DATE | TIME | SERVICE | AMOUNT | REMARKS |
|---|---|---|---|---|
| | | | | |
| | | | | |
| | | | | |
| | | | | |
| | | | | |
| | | | | |
| | | | | |
| | | | | |
| | | | | |
| | | | | |
| | | | | |
| | | | | |
| | | | | |
| | | | | |
| | | | | |
| | | | | |
| | | | | |
| | | | | |
| | | | | |

| CUSTOMER: | CUSTOMER NAME: |
|---|---|
| CONTACT ADDRESS: | |
| | |
| CONTACT NO: | EMAIL: |
| OCCUPATION: | BIRTHDAY: |

| APPOINTMENT DATE | TIME | SERVICE | AMOUNT | REMARKS |
|---|---|---|---|---|
| | | | | |
| | | | | |
| | | | | |
| | | | | |
| | | | | |
| | | | | |
| | | | | |
| | | | | |
| | | | | |
| | | | | |
| | | | | |
| | | | | |
| | | | | |
| | | | | |
| | | | | |
| | | | | |
| | | | | |
| | | | | |
| | | | | |

| CUSTOMER: | CUSTOMER NAME: |
|---|---|
| CONTACT ADDRESS: | |
| | |
| CONTACT NO: | EMAIL: |
| OCCUPATION: | BIRTHDAY: |

| APPOINTMENT DATE | TIME | SERVICE | AMOUNT | REMARKS |
|---|---|---|---|---|
| | | | | |
| | | | | |
| | | | | |
| | | | | |
| | | | | |
| | | | | |
| | | | | |
| | | | | |
| | | | | |
| | | | | |
| | | | | |
| | | | | |
| | | | | |
| | | | | |
| | | | | |
| | | | | |
| | | | | |
| | | | | |
| | | | | |

| CUSTOMER: | CUSTOMER NAME: |
|---|---|
| CONTACT ADDRESS: | |
| | |
| CONTACT NO: | EMAIL: |
| OCCUPATION: | BIRTHDAY: |

| APPOINTMENT DATE | TIME | SERVICE | AMOUNT | REMARKS |
|---|---|---|---|---|
| | | | | |
| | | | | |
| | | | | |
| | | | | |
| | | | | |
| | | | | |
| | | | | |
| | | | | |
| | | | | |
| | | | | |
| | | | | |
| | | | | |
| | | | | |
| | | | | |
| | | | | |
| | | | | |
| | | | | |
| | | | | |

| | |
|---|---|
| **CUSTOMER:** | **CUSTOMER NAME:** |
| **CONTACT ADDRESS:** | |
| | |
| **CONTACT NO:** | **EMAIL:** |
| **OCCUPATION:** | **BIRTHDAY:** |

| APPOINTMENT DATE | TIME | SERVICE | AMOUNT | REMARKS |
|---|---|---|---|---|
| | | | | |
| | | | | |
| | | | | |
| | | | | |
| | | | | |
| | | | | |
| | | | | |
| | | | | |
| | | | | |
| | | | | |
| | | | | |
| | | | | |
| | | | | |
| | | | | |
| | | | | |
| | | | | |
| | | | | |
| | | | | |
| | | | | |

| CUSTOMER: | CUSTOMER NAME: |
|---|---|
| CONTACT ADDRESS: | |
| | |
| CONTACT NO: | EMAIL: |
| OCCUPATION: | BIRTHDAY: |

| APPOINTMENT DATE | TIME | SERVICE | AMOUNT | REMARKS |
|---|---|---|---|---|
| | | | | |
| | | | | |
| | | | | |
| | | | | |
| | | | | |
| | | | | |
| | | | | |
| | | | | |
| | | | | |
| | | | | |
| | | | | |
| | | | | |
| | | | | |
| | | | | |
| | | | | |
| | | | | |
| | | | | |
| | | | | |
| | | | | |

| | |
|---|---|
| **CUSTOMER:** | **CUSTOMER NAME:** |
| **CONTACT ADDRESS:** | |
| | |
| **CONTACT NO:** | **EMAIL:** |
| **OCCUPATION:** | **BIRTHDAY:** |

| APPOINTMENT DATE | TIME | SERVICE | AMOUNT | REMARKS |
|---|---|---|---|---|
| | | | | |
| | | | | |
| | | | | |
| | | | | |
| | | | | |
| | | | | |
| | | | | |
| | | | | |
| | | | | |
| | | | | |
| | | | | |
| | | | | |
| | | | | |
| | | | | |
| | | | | |
| | | | | |
| | | | | |
| | | | | |
| | | | | |

| CUSTOMER: | CUSTOMER NAME: |
|---|---|
| CONTACT ADDRESS: | |
| | |
| CONTACT NO: | EMAIL: |
| OCCUPATION: | BIRTHDAY: |

| APPOINTMENT DATE | TIME | SERVICE | AMOUNT | REMARKS |
|---|---|---|---|---|
| | | | | |
| | | | | |
| | | | | |
| | | | | |
| | | | | |
| | | | | |
| | | | | |
| | | | | |
| | | | | |
| | | | | |
| | | | | |
| | | | | |
| | | | | |
| | | | | |
| | | | | |
| | | | | |
| | | | | |
| | | | | |
| | | | | |

| | |
|---|---|
| **CUSTOMER:** | **CUSTOMER NAME:** |
| **CONTACT ADDRESS:** | |
| | |
| **CONTACT NO:** | **EMAIL:** |
| **OCCUPATION:** | **BIRTHDAY:** |

| APPOINTMENT DATE | TIME | SERVICE | AMOUNT | REMARKS |
|---|---|---|---|---|
| | | | | |
| | | | | |
| | | | | |
| | | | | |
| | | | | |
| | | | | |
| | | | | |
| | | | | |
| | | | | |
| | | | | |
| | | | | |
| | | | | |
| | | | | |
| | | | | |
| | | | | |
| | | | | |
| | | | | |
| | | | | |
| | | | | |

| | |
|---|---|
| **CUSTOMER:** | **CUSTOMER NAME:** |
| **CONTACT ADDRESS:** | |
| | |
| **CONTACT NO:** | **EMAIL:** |
| **OCCUPATION:** | **BIRTHDAY:** |

| APPOINTMENT DATE | TIME | SERVICE | AMOUNT | REMARKS |
|---|---|---|---|---|
| | | | | |
| | | | | |
| | | | | |
| | | | | |
| | | | | |
| | | | | |
| | | | | |
| | | | | |
| | | | | |
| | | | | |
| | | | | |
| | | | | |
| | | | | |
| | | | | |
| | | | | |
| | | | | |
| | | | | |
| | | | | |

| CUSTOMER: | CUSTOMER NAME: |
|---|---|
| CONTACT ADDRESS: | |
| | |
| CONTACT NO: | EMAIL: |
| OCCUPATION: | BIRTHDAY: |

| APPOINTMENT DATE | TIME | SERVICE | AMOUNT | REMARKS |
|---|---|---|---|---|
| | | | | |
| | | | | |
| | | | | |
| | | | | |
| | | | | |
| | | | | |
| | | | | |
| | | | | |
| | | | | |
| | | | | |
| | | | | |
| | | | | |
| | | | | |
| | | | | |
| | | | | |
| | | | | |
| | | | | |
| | | | | |
| | | | | |

| CUSTOMER: | CUSTOMER NAME: |
|---|---|
| CONTACT ADDRESS: | |
| | |
| CONTACT NO: | EMAIL: |
| OCCUPATION: | BIRTHDAY: |

| APPOINTMENT DATE | TIME | SERVICE | AMOUNT | REMARKS |
|---|---|---|---|---|
| | | | | |
| | | | | |
| | | | | |
| | | | | |
| | | | | |
| | | | | |
| | | | | |
| | | | | |
| | | | | |
| | | | | |
| | | | | |
| | | | | |
| | | | | |
| | | | | |
| | | | | |
| | | | | |
| | | | | |
| | | | | |
| | | | | |
| | | | | |

**CUSTOMER:**

**CUSTOMER NAME:**

**CONTACT ADDRESS:**

**CONTACT NO:**

**EMAIL:**

**OCCUPATION:**

**BIRTHDAY:**

| APPOINTMENT DATE | TIME | SERVICE | AMOUNT | REMARKS |
| --- | --- | --- | --- | --- |
| | | | | |
| | | | | |
| | | | | |
| | | | | |
| | | | | |
| | | | | |
| | | | | |
| | | | | |
| | | | | |
| | | | | |
| | | | | |
| | | | | |
| | | | | |
| | | | | |
| | | | | |
| | | | | |
| | | | | |
| | | | | |
| | | | | |

| CUSTOMER: | CUSTOMER NAME: |
|---|---|
| CONTACT ADDRESS: | |
| | |
| CONTACT NO: | EMAIL: |
| OCCUPATION: | BIRTHDAY: |

| APPOINTMENT DATE | TIME | SERVICE | AMOUNT | REMARKS |
|---|---|---|---|---|
| | | | | |
| | | | | |
| | | | | |
| | | | | |
| | | | | |
| | | | | |
| | | | | |
| | | | | |
| | | | | |
| | | | | |
| | | | | |
| | | | | |
| | | | | |
| | | | | |
| | | | | |
| | | | | |
| | | | | |
| | | | | |
| | | | | |

**CUSTOMER:**

**CUSTOMER NAME:**

**CONTACT ADDRESS:**

**CONTACT NO:**

**EMAIL:**

**OCCUPATION:**

**BIRTHDAY:**

| APPOINTMENT DATE | TIME | SERVICE | AMOUNT | REMARKS |
|---|---|---|---|---|
| | | | | |
| | | | | |
| | | | | |
| | | | | |
| | | | | |
| | | | | |
| | | | | |
| | | | | |
| | | | | |
| | | | | |
| | | | | |
| | | | | |
| | | | | |
| | | | | |
| | | | | |
| | | | | |
| | | | | |
| | | | | |
| | | | | |

| CUSTOMER: | CUSTOMER NAME: |
|---|---|
| CONTACT ADDRESS: | |
| | |
| CONTACT NO: | EMAIL: |
| OCCUPATION: | BIRTHDAY: |

| APPOINTMENT DATE | TIME | SERVICE | AMOUNT | REMARKS |
|---|---|---|---|---|
| | | | | |
| | | | | |
| | | | | |
| | | | | |
| | | | | |
| | | | | |
| | | | | |
| | | | | |
| | | | | |
| | | | | |
| | | | | |
| | | | | |
| | | | | |
| | | | | |
| | | | | |
| | | | | |
| | | | | |
| | | | | |
| | | | | |

| CUSTOMER: | CUSTOMER NAME: |
|---|---|
| CONTACT ADDRESS: | |
| | |
| CONTACT NO: | EMAIL: |
| OCCUPATION: | BIRTHDAY: |

| APPOINTMENT DATE | TIME | SERVICE | AMOUNT | REMARKS |
|---|---|---|---|---|
| | | | | |
| | | | | |
| | | | | |
| | | | | |
| | | | | |
| | | | | |
| | | | | |
| | | | | |
| | | | | |
| | | | | |
| | | | | |
| | | | | |
| | | | | |
| | | | | |
| | | | | |
| | | | | |
| | | | | |
| | | | | |
| | | | | |

| | |
|---|---|
| **CUSTOMER:** | **CUSTOMER NAME:** |
| **CONTACT ADDRESS:** | |
| | |
| **CONTACT NO:** | **EMAIL:** |
| **OCCUPATION:** | **BIRTHDAY:** |

| APPOINTMENT DATE | TIME | SERVICE | AMOUNT | REMARKS |
|---|---|---|---|---|
| | | | | |
| | | | | |
| | | | | |
| | | | | |
| | | | | |
| | | | | |
| | | | | |
| | | | | |
| | | | | |
| | | | | |
| | | | | |
| | | | | |
| | | | | |
| | | | | |
| | | | | |
| | | | | |
| | | | | |
| | | | | |
| | | | | |

| **CUSTOMER:** | **CUSTOMER NAME:** |
|---|---|
| **CONTACT ADDRESS:** | |
| | |
| **CONTACT NO:** | **EMAIL:** |
| **OCCUPATION:** | **BIRTHDAY:** |

| APPOINTMENT DATE | TIME | SERVICE | AMOUNT | REMARKS |
|---|---|---|---|---|
| | | | | |
| | | | | |
| | | | | |
| | | | | |
| | | | | |
| | | | | |
| | | | | |
| | | | | |
| | | | | |
| | | | | |
| | | | | |
| | | | | |
| | | | | |
| | | | | |
| | | | | |
| | | | | |
| | | | | |
| | | | | |
| | | | | |

**CUSTOMER:** | **CUSTOMER NAME:**

**CONTACT ADDRESS:**

**CONTACT NO:** | **EMAIL:**

**OCCUPATION:** | **BIRTHDAY:**

| APPOINTMENT DATE | TIME | SERVICE | AMOUNT | REMARKS |
|---|---|---|---|---|
| | | | | |
| | | | | |
| | | | | |
| | | | | |
| | | | | |
| | | | | |
| | | | | |
| | | | | |
| | | | | |
| | | | | |
| | | | | |
| | | | | |
| | | | | |
| | | | | |
| | | | | |
| | | | | |
| | | | | |
| | | | | |
| | | | | |

| CUSTOMER: | CUSTOMER NAME: |
|---|---|
| CONTACT ADDRESS: | |
| | |
| CONTACT NO: | EMAIL: |
| OCCUPATION: | BIRTHDAY: |

| APPOINTMENT DATE | TIME | SERVICE | AMOUNT | REMARKS |
|---|---|---|---|---|
| | | | | |
| | | | | |
| | | | | |
| | | | | |
| | | | | |
| | | | | |
| | | | | |
| | | | | |
| | | | | |
| | | | | |
| | | | | |
| | | | | |
| | | | | |
| | | | | |
| | | | | |
| | | | | |
| | | | | |
| | | | | |
| | | | | |

| CUSTOMER: | CUSTOMER NAME: |
|---|---|
| CONTACT ADDRESS: | |
| | |
| CONTACT NO: | EMAIL: |
| OCCUPATION: | BIRTHDAY: |

| APPOINTMENT DATE | TIME | SERVICE | AMOUNT | REMARKS |
|---|---|---|---|---|
| | | | | |
| | | | | |
| | | | | |
| | | | | |
| | | | | |
| | | | | |
| | | | | |
| | | | | |
| | | | | |
| | | | | |
| | | | | |
| | | | | |
| | | | | |
| | | | | |
| | | | | |
| | | | | |
| | | | | |
| | | | | |
| | | | | |

| | |
|---|---|
| **CUSTOMER:** | **CUSTOMER NAME:** |
| **CONTACT ADDRESS:** | |
| | |
| **CONTACT NO:** | **EMAIL:** |
| **OCCUPATION:** | **BIRTHDAY:** |

| APPOINTMENT DATE | TIME | SERVICE | AMOUNT | REMARKS |
|---|---|---|---|---|
| | | | | |
| | | | | |
| | | | | |
| | | | | |
| | | | | |
| | | | | |
| | | | | |
| | | | | |
| | | | | |
| | | | | |
| | | | | |
| | | | | |
| | | | | |
| | | | | |
| | | | | |
| | | | | |
| | | | | |
| | | | | |
| | | | | |

| CUSTOMER: | CUSTOMER NAME: |
|---|---|
| CONTACT ADDRESS: | |
| | |
| CONTACT NO: | EMAIL: |
| OCCUPATION: | BIRTHDAY: |

| APPOINTMENT DATE | TIME | SERVICE | AMOUNT | REMARKS |
|---|---|---|---|---|
| | | | | |
| | | | | |
| | | | | |
| | | | | |
| | | | | |
| | | | | |
| | | | | |
| | | | | |
| | | | | |
| | | | | |
| | | | | |
| | | | | |
| | | | | |
| | | | | |
| | | | | |
| | | | | |
| | | | | |
| | | | | |
| | | | | |

| CUSTOMER: | CUSTOMER NAME: |
|---|---|
| CONTACT ADDRESS: | |
| | |
| CONTACT NO: | EMAIL: |
| OCCUPATION: | BIRTHDAY: |

| APPOINTMENT DATE | TIME | SERVICE | AMOUNT | REMARKS |
|---|---|---|---|---|
| | | | | |
| | | | | |
| | | | | |
| | | | | |
| | | | | |
| | | | | |
| | | | | |
| | | | | |
| | | | | |
| | | | | |
| | | | | |
| | | | | |
| | | | | |
| | | | | |
| | | | | |
| | | | | |
| | | | | |
| | | | | |

| | |
|---|---|
| **CUSTOMER:** | **CUSTOMER NAME:** |
| **CONTACT ADDRESS:** | |
| | |
| **CONTACT NO:** | **EMAIL:** |
| **OCCUPATION:** | **BIRTHDAY:** |

| APPOINTMENT DATE | TIME | SERVICE | AMOUNT | REMARKS |
|---|---|---|---|---|
| | | | | |
| | | | | |
| | | | | |
| | | | | |
| | | | | |
| | | | | |
| | | | | |
| | | | | |
| | | | | |
| | | | | |
| | | | | |
| | | | | |
| | | | | |
| | | | | |
| | | | | |
| | | | | |
| | | | | |
| | | | | |
| | | | | |

| | |
|---|---|
| **CUSTOMER:** | **CUSTOMER NAME:** |
| **CONTACT ADDRESS:** | |
| | |
| **CONTACT NO:** | **EMAIL:** |
| **OCCUPATION:** | **BIRTHDAY:** |

| APPOINTMENT DATE | TIME | SERVICE | AMOUNT | REMARKS |
|---|---|---|---|---|
| | | | | |
| | | | | |
| | | | | |
| | | | | |
| | | | | |
| | | | | |
| | | | | |
| | | | | |
| | | | | |
| | | | | |
| | | | | |
| | | | | |
| | | | | |
| | | | | |
| | | | | |
| | | | | |
| | | | | |
| | | | | |
| | | | | |

| | |
|---|---|
| **CUSTOMER:** | **CUSTOMER NAME:** |
| **CONTACT ADDRESS:** | |
| | |
| **CONTACT NO:** | **EMAIL:** |
| **OCCUPATION:** | **BIRTHDAY:** |

| APPOINTMENT DATE | TIME | SERVICE | AMOUNT | REMARKS |
|---|---|---|---|---|
| | | | | |
| | | | | |
| | | | | |
| | | | | |
| | | | | |
| | | | | |
| | | | | |
| | | | | |
| | | | | |
| | | | | |
| | | | | |
| | | | | |
| | | | | |
| | | | | |
| | | | | |
| | | | | |
| | | | | |
| | | | | |
| | | | | |

| CUSTOMER: | CUSTOMER NAME: |
|---|---|
| CONTACT ADDRESS: | |
| | |
| CONTACT NO: | EMAIL: |
| OCCUPATION: | BIRTHDAY: |

| APPOINTMENT DATE | TIME | SERVICE | AMOUNT | REMARKS |
|---|---|---|---|---|
| | | | | |
| | | | | |
| | | | | |
| | | | | |
| | | | | |
| | | | | |
| | | | | |
| | | | | |
| | | | | |
| | | | | |
| | | | | |
| | | | | |
| | | | | |
| | | | | |
| | | | | |
| | | | | |
| | | | | |
| | | | | |
| | | | | |

| CUSTOMER: | CUSTOMER NAME: |
|---|---|
| CONTACT ADDRESS: | |
| | |
| CONTACT NO: | EMAIL: |
| OCCUPATION: | BIRTHDAY: |

| APPOINTMENT DATE | TIME | SERVICE | AMOUNT | REMARKS |
|---|---|---|---|---|
| | | | | |
| | | | | |
| | | | | |
| | | | | |
| | | | | |
| | | | | |
| | | | | |
| | | | | |
| | | | | |
| | | | | |
| | | | | |
| | | | | |
| | | | | |
| | | | | |
| | | | | |
| | | | | |
| | | | | |
| | | | | |
| | | | | |

**CUSTOMER:**

**CUSTOMER NAME:**

**CONTACT ADDRESS:**

**CONTACT NO:**

**EMAIL:**

**OCCUPATION:**

**BIRTHDAY:**

| APPOINTMENT DATE | TIME | SERVICE | AMOUNT | REMARKS |
|---|---|---|---|---|
| | | | | |
| | | | | |
| | | | | |
| | | | | |
| | | | | |
| | | | | |
| | | | | |
| | | | | |
| | | | | |
| | | | | |
| | | | | |
| | | | | |
| | | | | |
| | | | | |
| | | | | |
| | | | | |
| | | | | |
| | | | | |
| | | | | |

| | |
|---|---|
| **CUSTOMER:** | **CUSTOMER NAME:** |
| **CONTACT ADDRESS:** | |
| | |
| **CONTACT NO:** | **EMAIL:** |
| **OCCUPATION:** | **BIRTHDAY:** |

| APPOINTMENT DATE | TIME | SERVICE | AMOUNT | REMARKS |
|---|---|---|---|---|
| | | | | |
| | | | | |
| | | | | |
| | | | | |
| | | | | |
| | | | | |
| | | | | |
| | | | | |
| | | | | |
| | | | | |
| | | | | |
| | | | | |
| | | | | |
| | | | | |
| | | | | |
| | | | | |
| | | | | |
| | | | | |
| | | | | |

| | |
|---|---|
| **CUSTOMER:** | **CUSTOMER NAME:** |
| **CONTACT ADDRESS:** | |
| | |
| **CONTACT NO:** | **EMAIL:** |
| **OCCUPATION:** | **BIRTHDAY:** |

| APPOINTMENT DATE | TIME | SERVICE | AMOUNT | REMARKS |
|---|---|---|---|---|
| | | | | |
| | | | | |
| | | | | |
| | | | | |
| | | | | |
| | | | | |
| | | | | |
| | | | | |
| | | | | |
| | | | | |
| | | | | |
| | | | | |
| | | | | |
| | | | | |
| | | | | |
| | | | | |
| | | | | |
| | | | | |

**CUSTOMER:** | **CUSTOMER NAME:**

**CONTACT ADDRESS:**

**CONTACT NO:** | **EMAIL:**

**OCCUPATION:** | **BIRTHDAY:**

| APPOINTMENT DATE | TIME | SERVICE | AMOUNT | REMARKS |
|---|---|---|---|---|
| | | | | |
| | | | | |
| | | | | |
| | | | | |
| | | | | |
| | | | | |
| | | | | |
| | | | | |
| | | | | |
| | | | | |
| | | | | |
| | | | | |
| | | | | |
| | | | | |
| | | | | |
| | | | | |
| | | | | |
| | | | | |
| | | | | |

| CUSTOMER: | CUSTOMER NAME: |
|---|---|
| CONTACT ADDRESS: | |
| | |
| CONTACT NO: | EMAIL: |
| OCCUPATION: | BIRTHDAY: |

| APPOINTMENT DATE | TIME | SERVICE | AMOUNT | REMARKS |
|---|---|---|---|---|
| | | | | |
| | | | | |
| | | | | |
| | | | | |
| | | | | |
| | | | | |
| | | | | |
| | | | | |
| | | | | |
| | | | | |
| | | | | |
| | | | | |
| | | | | |
| | | | | |
| | | | | |
| | | | | |
| | | | | |
| | | | | |
| | | | | |

| CUSTOMER: | CUSTOMER NAME: |
|---|---|
| CONTACT ADDRESS: | |
| | |
| CONTACT NO: | EMAIL: |
| OCCUPATION: | BIRTHDAY: |

| APPOINTMENT DATE | TIME | SERVICE | AMOUNT | REMARKS |
|---|---|---|---|---|
| | | | | |
| | | | | |
| | | | | |
| | | | | |
| | | | | |
| | | | | |
| | | | | |
| | | | | |
| | | | | |
| | | | | |
| | | | | |
| | | | | |
| | | | | |
| | | | | |
| | | | | |
| | | | | |
| | | | | |
| | | | | |

**CUSTOMER:**

**CUSTOMER NAME:**

**CONTACT ADDRESS:**

**CONTACT NO:**

**EMAIL:**

**OCCUPATION:**

**BIRTHDAY:**

| APPOINTMENT DATE | TIME | SERVICE | AMOUNT | REMARKS |
|---|---|---|---|---|
| | | | | |
| | | | | |
| | | | | |
| | | | | |
| | | | | |
| | | | | |
| | | | | |
| | | | | |
| | | | | |
| | | | | |
| | | | | |
| | | | | |
| | | | | |
| | | | | |
| | | | | |
| | | | | |
| | | | | |
| | | | | |
| | | | | |

| CUSTOMER: | CUSTOMER NAME: |
|---|---|
| CONTACT ADDRESS: | |
| | |
| CONTACT NO: | EMAIL: |
| OCCUPATION: | BIRTHDAY: |

| APPOINTMENT DATE | TIME | SERVICE | AMOUNT | REMARKS |
|---|---|---|---|---|
| | | | | |
| | | | | |
| | | | | |
| | | | | |
| | | | | |
| | | | | |
| | | | | |
| | | | | |
| | | | | |
| | | | | |
| | | | | |
| | | | | |
| | | | | |
| | | | | |
| | | | | |
| | | | | |
| | | | | |
| | | | | |
| | | | | |

| CUSTOMER: | CUSTOMER NAME: |
|---|---|
| CONTACT ADDRESS: | |
| | |
| CONTACT NO: | EMAIL: |
| OCCUPATION: | BIRTHDAY: |

| APPOINTMENT DATE | TIME | SERVICE | AMOUNT | REMARKS |
|---|---|---|---|---|
| | | | | |
| | | | | |
| | | | | |
| | | | | |
| | | | | |
| | | | | |
| | | | | |
| | | | | |
| | | | | |
| | | | | |
| | | | | |
| | | | | |
| | | | | |
| | | | | |
| | | | | |
| | | | | |
| | | | | |
| | | | | |
| | | | | |

| CUSTOMER: | CUSTOMER NAME: |
|---|---|
| CONTACT ADDRESS: | |
| | |
| CONTACT NO: | EMAIL: |
| OCCUPATION: | BIRTHDAY: |

| APPOINTMENT DATE | TIME | SERVICE | AMOUNT | REMARKS |
|---|---|---|---|---|
| | | | | |
| | | | | |
| | | | | |
| | | | | |
| | | | | |
| | | | | |
| | | | | |
| | | | | |
| | | | | |
| | | | | |
| | | | | |
| | | | | |
| | | | | |
| | | | | |
| | | | | |
| | | | | |
| | | | | |
| | | | | |
| | | | | |

**CUSTOMER:**

**CUSTOMER NAME:**

**CONTACT ADDRESS:**

**CONTACT NO:**

**EMAIL:**

**OCCUPATION:**

**BIRTHDAY:**

| APPOINTMENT DATE | TIME | SERVICE | AMOUNT | REMARKS |
|---|---|---|---|---|
| | | | | |
| | | | | |
| | | | | |
| | | | | |
| | | | | |
| | | | | |
| | | | | |
| | | | | |
| | | | | |
| | | | | |
| | | | | |
| | | | | |
| | | | | |
| | | | | |
| | | | | |
| | | | | |
| | | | | |
| | | | | |
| | | | | |

| | |
|---|---|
| **CUSTOMER:** | **CUSTOMER NAME:** |
| **CONTACT ADDRESS:** | |
| | |
| **CONTACT NO:** | **EMAIL:** |
| **OCCUPATION:** | **BIRTHDAY:** |

| APPOINTMENT DATE | TIME | SERVICE | AMOUNT | REMARKS |
|---|---|---|---|---|
| | | | | |
| | | | | |
| | | | | |
| | | | | |
| | | | | |
| | | | | |
| | | | | |
| | | | | |
| | | | | |
| | | | | |
| | | | | |
| | | | | |
| | | | | |
| | | | | |
| | | | | |
| | | | | |
| | | | | |
| | | | | |
| | | | | |

| CUSTOMER: | CUSTOMER NAME: |
|---|---|
| CONTACT ADDRESS: | |
| | |
| CONTACT NO: | EMAIL: |
| OCCUPATION: | BIRTHDAY: |

| APPOINTMENT DATE | TIME | SERVICE | AMOUNT | REMARKS |
|---|---|---|---|---|
| | | | | |
| | | | | |
| | | | | |
| | | | | |
| | | | | |
| | | | | |
| | | | | |
| | | | | |
| | | | | |
| | | | | |
| | | | | |
| | | | | |
| | | | | |
| | | | | |
| | | | | |
| | | | | |
| | | | | |
| | | | | |
| | | | | |

| | |
|---|---|
| **CUSTOMER:** | **CUSTOMER NAME:** |
| **CONTACT ADDRESS:** | |
| | |
| **CONTACT NO:** | **EMAIL:** |
| **OCCUPATION:** | **BIRTHDAY:** |

| APPOINTMENT DATE | TIME | SERVICE | AMOUNT | REMARKS |
|---|---|---|---|---|
| | | | | |
| | | | | |
| | | | | |
| | | | | |
| | | | | |
| | | | | |
| | | | | |
| | | | | |
| | | | | |
| | | | | |
| | | | | |
| | | | | |
| | | | | |
| | | | | |
| | | | | |
| | | | | |
| | | | | |
| | | | | |
| | | | | |

| CUSTOMER: | CUSTOMER NAME: |
|---|---|
| CONTACT ADDRESS: | |
| | |
| CONTACT NO: | EMAIL: |
| OCCUPATION: | BIRTHDAY: |

| APPOINTMENT DATE | TIME | SERVICE | AMOUNT | REMARKS |
|---|---|---|---|---|
| | | | | |
| | | | | |
| | | | | |
| | | | | |
| | | | | |
| | | | | |
| | | | | |
| | | | | |
| | | | | |
| | | | | |
| | | | | |
| | | | | |
| | | | | |
| | | | | |
| | | | | |
| | | | | |
| | | | | |
| | | | | |
| | | | | |

| CUSTOMER: | CUSTOMER NAME: |
|---|---|
| CONTACT ADDRESS: | |
| | |
| CONTACT NO: | EMAIL: |
| OCCUPATION: | BIRTHDAY: |

| APPOINTMENT DATE | TIME | SERVICE | AMOUNT | REMARKS |
|---|---|---|---|---|
| | | | | |
| | | | | |
| | | | | |
| | | | | |
| | | | | |
| | | | | |
| | | | | |
| | | | | |
| | | | | |
| | | | | |
| | | | | |
| | | | | |
| | | | | |
| | | | | |
| | | | | |
| | | | | |
| | | | | |
| | | | | |
| | | | | |

| CUSTOMER: | CUSTOMER NAME: |
|---|---|
| CONTACT ADDRESS: | |
| | |
| CONTACT NO: | EMAIL: |
| OCCUPATION: | BIRTHDAY: |

| APPOINTMENT DATE | TIME | SERVICE | AMOUNT | REMARKS |
|---|---|---|---|---|
| | | | | |
| | | | | |
| | | | | |
| | | | | |
| | | | | |
| | | | | |
| | | | | |
| | | | | |
| | | | | |
| | | | | |
| | | | | |
| | | | | |
| | | | | |
| | | | | |
| | | | | |
| | | | | |
| | | | | |
| | | | | |

| CUSTOMER: | CUSTOMER NAME: |
|---|---|
| CONTACT ADDRESS: | |
| | |
| CONTACT NO: | EMAIL: |
| OCCUPATION: | BIRTHDAY: |

| APPOINTMENT DATE | TIME | SERVICE | AMOUNT | REMARKS |
|---|---|---|---|---|
| | | | | |
| | | | | |
| | | | | |
| | | | | |
| | | | | |
| | | | | |
| | | | | |
| | | | | |
| | | | | |
| | | | | |
| | | | | |
| | | | | |
| | | | | |
| | | | | |
| | | | | |
| | | | | |
| | | | | |
| | | | | |
| | | | | |

| CUSTOMER: | CUSTOMER NAME: |
|---|---|
| CONTACT ADDRESS: | |
| | |
| CONTACT NO: | EMAIL: |
| OCCUPATION: | BIRTHDAY: |

| APPOINTMENT DATE | TIME | SERVICE | AMOUNT | REMARKS |
|---|---|---|---|---|
| | | | | |
| | | | | |
| | | | | |
| | | | | |
| | | | | |
| | | | | |
| | | | | |
| | | | | |
| | | | | |
| | | | | |
| | | | | |
| | | | | |
| | | | | |
| | | | | |
| | | | | |
| | | | | |
| | | | | |
| | | | | |
| | | | | |

| | |
|---|---|
| **CUSTOMER:** | **CUSTOMER NAME:** |
| **CONTACT ADDRESS:** | |
| | |
| **CONTACT NO:** | **EMAIL:** |
| **OCCUPATION:** | **BIRTHDAY:** |

| APPOINTMENT DATE | TIME | SERVICE | AMOUNT | REMARKS |
|---|---|---|---|---|
| | | | | |
| | | | | |
| | | | | |
| | | | | |
| | | | | |
| | | | | |
| | | | | |
| | | | | |
| | | | | |
| | | | | |
| | | | | |
| | | | | |
| | | | | |
| | | | | |
| | | | | |
| | | | | |
| | | | | |
| | | | | |
| | | | | |

| | |
|---|---|
| **CUSTOMER:** | **CUSTOMER NAME:** |
| **CONTACT ADDRESS:** | |
| | |
| **CONTACT NO:** | **EMAIL:** |
| **OCCUPATION:** | **BIRTHDAY:** |

| APPOINTMENT DATE | TIME | SERVICE | AMOUNT | REMARKS |
|---|---|---|---|---|
| | | | | |
| | | | | |
| | | | | |
| | | | | |
| | | | | |
| | | | | |
| | | | | |
| | | | | |
| | | | | |
| | | | | |
| | | | | |
| | | | | |
| | | | | |
| | | | | |
| | | | | |
| | | | | |
| | | | | |
| | | | | |
| | | | | |

| CUSTOMER: | CUSTOMER NAME: |
|---|---|
| CONTACT ADDRESS: | |
| | |
| CONTACT NO: | EMAIL: |
| OCCUPATION: | BIRTHDAY: |

| APPOINTMENT DATE | TIME | SERVICE | AMOUNT | REMARKS |
|---|---|---|---|---|
| | | | | |
| | | | | |
| | | | | |
| | | | | |
| | | | | |
| | | | | |
| | | | | |
| | | | | |
| | | | | |
| | | | | |
| | | | | |
| | | | | |
| | | | | |
| | | | | |
| | | | | |
| | | | | |
| | | | | |
| | | | | |
| | | | | |

| CUSTOMER: | CUSTOMER NAME: |
|---|---|
| CONTACT ADDRESS: | |
| | |
| CONTACT NO: | EMAIL: |
| OCCUPATION: | BIRTHDAY: |

| APPOINTMENT DATE | TIME | SERVICE | AMOUNT | REMARKS |
|---|---|---|---|---|
| | | | | |
| | | | | |
| | | | | |
| | | | | |
| | | | | |
| | | | | |
| | | | | |
| | | | | |
| | | | | |
| | | | | |
| | | | | |
| | | | | |
| | | | | |
| | | | | |
| | | | | |
| | | | | |
| | | | | |
| | | | | |
| | | | | |

| | |
|---|---|
| **CUSTOMER:** | **CUSTOMER NAME:** |
| **CONTACT ADDRESS:** | |
| | |
| **CONTACT NO:** | **EMAIL:** |
| **OCCUPATION:** | **BIRTHDAY:** |

| APPOINTMENT DATE | TIME | SERVICE | AMOUNT | REMARKS |
|---|---|---|---|---|
| | | | | |
| | | | | |
| | | | | |
| | | | | |
| | | | | |
| | | | | |
| | | | | |
| | | | | |
| | | | | |
| | | | | |
| | | | | |
| | | | | |
| | | | | |
| | | | | |
| | | | | |
| | | | | |
| | | | | |
| | | | | |

| CUSTOMER: | CUSTOMER NAME: |
|---|---|
| CONTACT ADDRESS: | |
| | |
| CONTACT NO: | EMAIL: |
| OCCUPATION: | BIRTHDAY: |

| APPOINTMENT DATE | TIME | SERVICE | AMOUNT | REMARKS |
|---|---|---|---|---|
| | | | | |
| | | | | |
| | | | | |
| | | | | |
| | | | | |
| | | | | |
| | | | | |
| | | | | |
| | | | | |
| | | | | |
| | | | | |
| | | | | |
| | | | | |
| | | | | |
| | | | | |
| | | | | |
| | | | | |
| | | | | |
| | | | | |

| | |
|---|---|
| **CUSTOMER:** | **CUSTOMER NAME:** |
| **CONTACT ADDRESS:** | |
| | |
| **CONTACT NO:** | **EMAIL:** |
| **OCCUPATION:** | **BIRTHDAY:** |

| APPOINTMENT DATE | TIME | SERVICE | AMOUNT | REMARKS |
|---|---|---|---|---|
| | | | | |
| | | | | |
| | | | | |
| | | | | |
| | | | | |
| | | | | |
| | | | | |
| | | | | |
| | | | | |
| | | | | |
| | | | | |
| | | | | |
| | | | | |
| | | | | |
| | | | | |
| | | | | |
| | | | | |
| | | | | |
| | | | | |

| | |
|---|---|
| **CUSTOMER:** | **CUSTOMER NAME:** |
| **CONTACT ADDRESS:** | |
| | |
| **CONTACT NO:** | **EMAIL:** |
| **OCCUPATION:** | **BIRTHDAY:** |

| APPOINTMENT DATE | TIME | SERVICE | AMOUNT | REMARKS |
|---|---|---|---|---|
| | | | | |

| | |
|---|---|
| **CUSTOMER:** | **CUSTOMER NAME:** |
| **CONTACT ADDRESS:** | |
| | |
| **CONTACT NO:** | **EMAIL:** |
| **OCCUPATION:** | **BIRTHDAY:** |

| APPOINTMENT DATE | TIME | SERVICE | AMOUNT | REMARKS |
|---|---|---|---|---|
| | | | | |
| | | | | |
| | | | | |
| | | | | |
| | | | | |
| | | | | |
| | | | | |
| | | | | |
| | | | | |
| | | | | |
| | | | | |
| | | | | |
| | | | | |
| | | | | |
| | | | | |
| | | | | |
| | | | | |
| | | | | |
| | | | | |

| | |
|---|---|
| **CUSTOMER:** | **CUSTOMER NAME:** |
| **CONTACT ADDRESS:** | |
| | |
| **CONTACT NO:** | **EMAIL:** |
| **OCCUPATION:** | **BIRTHDAY:** |

| APPOINTMENT DATE | TIME | SERVICE | AMOUNT | REMARKS |
|---|---|---|---|---|
| | | | | |
| | | | | |
| | | | | |
| | | | | |
| | | | | |
| | | | | |
| | | | | |
| | | | | |
| | | | | |
| | | | | |
| | | | | |
| | | | | |
| | | | | |
| | | | | |
| | | | | |
| | | | | |
| | | | | |
| | | | | |
| | | | | |

| | |
|---|---|
| **CUSTOMER:** | **CUSTOMER NAME:** |
| **CONTACT ADDRESS:** | |
| | |
| **CONTACT NO:** | **EMAIL:** |
| **OCCUPATION:** | **BIRTHDAY:** |

| APPOINTMENT DATE | TIME | SERVICE | AMOUNT | REMARKS |
|---|---|---|---|---|
| | | | | |
| | | | | |
| | | | | |
| | | | | |
| | | | | |
| | | | | |
| | | | | |
| | | | | |
| | | | | |
| | | | | |
| | | | | |
| | | | | |
| | | | | |
| | | | | |
| | | | | |
| | | | | |
| | | | | |
| | | | | |
| | | | | |

| | |
|---|---|
| **CUSTOMER:** | **CUSTOMER NAME:** |
| **CONTACT ADDRESS:** | |
| | |
| **CONTACT NO:** | **EMAIL:** |
| **OCCUPATION:** | **BIRTHDAY:** |

| APPOINTMENT DATE | TIME | SERVICE | AMOUNT | REMARKS |
|---|---|---|---|---|
| | | | | |
| | | | | |
| | | | | |
| | | | | |
| | | | | |
| | | | | |
| | | | | |
| | | | | |
| | | | | |
| | | | | |
| | | | | |
| | | | | |
| | | | | |
| | | | | |
| | | | | |
| | | | | |
| | | | | |
| | | | | |
| | | | | |

**CUSTOMER:**

**CUSTOMER NAME:**

**CONTACT ADDRESS:**

**CONTACT NO:**

**EMAIL:**

**OCCUPATION:**

**BIRTHDAY:**

| APPOINTMENT DATE | TIME | SERVICE | AMOUNT | REMARKS |
|---|---|---|---|---|
| | | | | |
| | | | | |
| | | | | |
| | | | | |
| | | | | |
| | | | | |
| | | | | |
| | | | | |
| | | | | |
| | | | | |
| | | | | |
| | | | | |
| | | | | |
| | | | | |
| | | | | |
| | | | | |
| | | | | |
| | | | | |
| | | | | |

| | |
|---|---|
| **CUSTOMER:** | **CUSTOMER NAME:** |
| **CONTACT ADDRESS:** | |
| | |
| **CONTACT NO:** | **EMAIL:** |
| **OCCUPATION:** | **BIRTHDAY:** |

| APPOINTMENT DATE | TIME | SERVICE | AMOUNT | REMARKS |
|---|---|---|---|---|
| | | | | |
| | | | | |
| | | | | |
| | | | | |
| | | | | |
| | | | | |
| | | | | |
| | | | | |
| | | | | |
| | | | | |
| | | | | |
| | | | | |
| | | | | |
| | | | | |
| | | | | |
| | | | | |
| | | | | |
| | | | | |

| CUSTOMER: | CUSTOMER NAME: |
|---|---|
| CONTACT ADDRESS: | |
| | |
| CONTACT NO: | EMAIL: |
| OCCUPATION: | BIRTHDAY: |

| APPOINTMENT DATE | TIME | SERVICE | AMOUNT | REMARKS |
|---|---|---|---|---|
| | | | | |
| | | | | |
| | | | | |
| | | | | |
| | | | | |
| | | | | |
| | | | | |
| | | | | |
| | | | | |
| | | | | |
| | | | | |
| | | | | |
| | | | | |
| | | | | |
| | | | | |
| | | | | |
| | | | | |
| | | | | |
| | | | | |

| CUSTOMER: | CUSTOMER NAME: |
|---|---|
| CONTACT ADDRESS: | |
| | |
| CONTACT NO: | EMAIL: |
| OCCUPATION: | BIRTHDAY: |

| APPOINTMENT DATE | TIME | SERVICE | AMOUNT | REMARKS |
|---|---|---|---|---|
| | | | | |
| | | | | |
| | | | | |
| | | | | |
| | | | | |
| | | | | |
| | | | | |
| | | | | |
| | | | | |
| | | | | |
| | | | | |
| | | | | |
| | | | | |
| | | | | |
| | | | | |
| | | | | |
| | | | | |
| | | | | |
| | | | | |

| | |
|---|---|
| **CUSTOMER:** | **CUSTOMER NAME:** |
| **CONTACT ADDRESS:** | |
| | |
| **CONTACT NO:** | **EMAIL:** |
| **OCCUPATION:** | **BIRTHDAY:** |

| APPOINTMENT DATE | TIME | SERVICE | AMOUNT | REMARKS |
|---|---|---|---|---|
| | | | | |
| | | | | |
| | | | | |
| | | | | |
| | | | | |
| | | | | |
| | | | | |
| | | | | |
| | | | | |
| | | | | |
| | | | | |
| | | | | |
| | | | | |
| | | | | |
| | | | | |
| | | | | |
| | | | | |
| | | | | |
| | | | | |

| CUSTOMER: | CUSTOMER NAME: |
|---|---|
| CONTACT ADDRESS: | |
| | |
| CONTACT NO: | EMAIL: |
| OCCUPATION: | BIRTHDAY: |

| APPOINTMENT DATE | TIME | SERVICE | AMOUNT | REMARKS |
|---|---|---|---|---|
| | | | | |
| | | | | |
| | | | | |
| | | | | |
| | | | | |
| | | | | |
| | | | | |
| | | | | |
| | | | | |
| | | | | |
| | | | | |
| | | | | |
| | | | | |
| | | | | |
| | | | | |
| | | | | |
| | | | | |
| | | | | |
| | | | | |

**CUSTOMER:**

**CUSTOMER NAME:**

**CONTACT ADDRESS:**

**CONTACT NO:**

**EMAIL:**

**OCCUPATION:**

**BIRTHDAY:**

| APPOINTMENT DATE | TIME | SERVICE | AMOUNT | REMARKS |
|---|---|---|---|---|
| | | | | |
| | | | | |
| | | | | |
| | | | | |
| | | | | |
| | | | | |
| | | | | |
| | | | | |
| | | | | |
| | | | | |
| | | | | |
| | | | | |
| | | | | |
| | | | | |
| | | | | |
| | | | | |
| | | | | |
| | | | | |
| | | | | |

**CUSTOMER:** | **CUSTOMER NAME:**

**CONTACT ADDRESS:**

**CONTACT NO:** | **EMAIL:**

**OCCUPATION:** | **BIRTHDAY:**

| APPOINTMENT DATE | TIME | SERVICE | AMOUNT | REMARKS |
|---|---|---|---|---|
| | | | | |
| | | | | |
| | | | | |
| | | | | |
| | | | | |
| | | | | |
| | | | | |
| | | | | |
| | | | | |
| | | | | |
| | | | | |
| | | | | |
| | | | | |
| | | | | |
| | | | | |
| | | | | |
| | | | | |
| | | | | |
| | | | | |

| | |
|---|---|
| **CUSTOMER:** | **CUSTOMER NAME:** |
| **CONTACT ADDRESS:** | |
| | |
| **CONTACT NO:** | **EMAIL:** |
| **OCCUPATION:** | **BIRTHDAY:** |

| APPOINTMENT DATE | TIME | SERVICE | AMOUNT | REMARKS |
|---|---|---|---|---|
| | | | | |
| | | | | |
| | | | | |
| | | | | |
| | | | | |
| | | | | |
| | | | | |
| | | | | |
| | | | | |
| | | | | |
| | | | | |
| | | | | |
| | | | | |
| | | | | |
| | | | | |
| | | | | |
| | | | | |
| | | | | |
| | | | | |

| **CUSTOMER:** | **CUSTOMER NAME:** |
|---|---|
| **CONTACT ADDRESS:** | |
| | |
| **CONTACT NO:** | **EMAIL:** |
| **OCCUPATION:** | **BIRTHDAY:** |

| APPOINTMENT DATE | TIME | SERVICE | AMOUNT | REMARKS |
|---|---|---|---|---|
| | | | | |
| | | | | |
| | | | | |
| | | | | |
| | | | | |
| | | | | |
| | | | | |
| | | | | |
| | | | | |
| | | | | |
| | | | | |
| | | | | |
| | | | | |
| | | | | |
| | | | | |
| | | | | |
| | | | | |
| | | | | |
| | | | | |

| CUSTOMER: | CUSTOMER NAME: |
|---|---|
| CONTACT ADDRESS: | |
| | |
| CONTACT NO: | EMAIL: |
| OCCUPATION: | BIRTHDAY: |

| APPOINTMENT DATE | TIME | SERVICE | AMOUNT | REMARKS |
|---|---|---|---|---|
| | | | | |
| | | | | |
| | | | | |
| | | | | |
| | | | | |
| | | | | |
| | | | | |
| | | | | |
| | | | | |
| | | | | |
| | | | | |
| | | | | |
| | | | | |
| | | | | |
| | | | | |
| | | | | |
| | | | | |
| | | | | |
| | | | | |

CUSTOMER: CUSTOMER NAME:

CONTACT ADDRESS:

CONTACT NO: EMAIL:

OCCUPATION: BIRTHDAY:

| APPOINTMENT DATE | TIME | SERVICE | AMOUNT | REMARKS |
|---|---|---|---|---|
| | | | | |
| | | | | |
| | | | | |
| | | | | |
| | | | | |
| | | | | |
| | | | | |
| | | | | |
| | | | | |
| | | | | |
| | | | | |
| | | | | |
| | | | | |
| | | | | |
| | | | | |
| | | | | |
| | | | | |
| | | | | |
| | | | | |

| CUSTOMER: | CUSTOMER NAME: |
|---|---|
| CONTACT ADDRESS: | |
| | |
| CONTACT NO: | EMAIL: |
| OCCUPATION: | BIRTHDAY: |

| APPOINTMENT DATE | TIME | SERVICE | AMOUNT | REMARKS |
|---|---|---|---|---|
| | | | | |
| | | | | |
| | | | | |
| | | | | |
| | | | | |
| | | | | |
| | | | | |
| | | | | |
| | | | | |
| | | | | |
| | | | | |
| | | | | |
| | | | | |
| | | | | |
| | | | | |
| | | | | |
| | | | | |
| | | | | |

| | |
|---|---|
| **CUSTOMER:** | **CUSTOMER NAME:** |
| **CONTACT ADDRESS:** | |
| | |
| **CONTACT NO:** | **EMAIL:** |
| **OCCUPATION:** | **BIRTHDAY:** |

| APPOINTMENT DATE | TIME | SERVICE | AMOUNT | REMARKS |
|---|---|---|---|---|
| | | | | |
| | | | | |
| | | | | |
| | | | | |
| | | | | |
| | | | | |
| | | | | |
| | | | | |
| | | | | |
| | | | | |
| | | | | |
| | | | | |
| | | | | |
| | | | | |
| | | | | |
| | | | | |
| | | | | |
| | | | | |
| | | | | |

| CUSTOMER: | CUSTOMER NAME: |
|---|---|
| CONTACT ADDRESS: | |
| | |
| CONTACT NO: | EMAIL: |
| OCCUPATION: | BIRTHDAY: |

| APPOINTMENT DATE | TIME | SERVICE | AMOUNT | REMARKS |
|---|---|---|---|---|
| | | | | |
| | | | | |
| | | | | |
| | | | | |
| | | | | |
| | | | | |
| | | | | |
| | | | | |
| | | | | |
| | | | | |
| | | | | |
| | | | | |
| | | | | |
| | | | | |
| | | | | |
| | | | | |
| | | | | |
| | | | | |
| | | | | |

| | |
|---|---|
| **CUSTOMER:** | **CUSTOMER NAME:** |
| **CONTACT ADDRESS:** | |
| | |
| **CONTACT NO:** | **EMAIL:** |
| **OCCUPATION:** | **BIRTHDAY:** |

| APPOINTMENT DATE | TIME | SERVICE | AMOUNT | REMARKS |
|---|---|---|---|---|
| | | | | |
| | | | | |
| | | | | |
| | | | | |
| | | | | |
| | | | | |
| | | | | |
| | | | | |
| | | | | |
| | | | | |
| | | | | |
| | | | | |
| | | | | |
| | | | | |
| | | | | |
| | | | | |
| | | | | |
| | | | | |
| | | | | |

| CUSTOMER: | CUSTOMER NAME: |
|---|---|
| CONTACT ADDRESS: | |
| | |
| CONTACT NO: | EMAIL: |
| OCCUPATION: | BIRTHDAY: |

| APPOINTMENT DATE | TIME | SERVICE | AMOUNT | REMARKS |
|---|---|---|---|---|
| | | | | |
| | | | | |
| | | | | |
| | | | | |
| | | | | |
| | | | | |
| | | | | |
| | | | | |
| | | | | |
| | | | | |
| | | | | |
| | | | | |
| | | | | |
| | | | | |
| | | | | |
| | | | | |
| | | | | |
| | | | | |
| | | | | |

CUSTOMER:

CUSTOMER NAME:

CONTACT ADDRESS:

CONTACT NO:

EMAIL:

OCCUPATION:

BIRTHDAY:

| APPOINTMENT DATE | TIME | SERVICE | AMOUNT | REMARKS |
|---|---|---|---|---|
| | | | | |
| | | | | |
| | | | | |
| | | | | |
| | | | | |
| | | | | |
| | | | | |
| | | | | |
| | | | | |
| | | | | |
| | | | | |
| | | | | |
| | | | | |
| | | | | |
| | | | | |
| | | | | |
| | | | | |
| | | | | |
| | | | | |

| | |
|---|---|
| **CUSTOMER:** | **CUSTOMER NAME:** |
| **CONTACT ADDRESS:** | |
| | |
| **CONTACT NO:** | **EMAIL:** |
| **OCCUPATION:** | **BIRTHDAY:** |

| APPOINTMENT DATE | TIME | SERVICE | AMOUNT | REMARKS |
|---|---|---|---|---|
| | | | | |
| | | | | |
| | | | | |
| | | | | |
| | | | | |
| | | | | |
| | | | | |
| | | | | |
| | | | | |
| | | | | |
| | | | | |
| | | | | |
| | | | | |
| | | | | |
| | | | | |
| | | | | |
| | | | | |
| | | | | |
| | | | | |

| | |
|---|---|
| **CUSTOMER:** | **CUSTOMER NAME:** |
| **CONTACT ADDRESS:** | |
| | |
| **CONTACT NO:** | **EMAIL:** |
| **OCCUPATION:** | **BIRTHDAY:** |

| APPOINTMENT DATE | TIME | SERVICE | AMOUNT | REMARKS |
|---|---|---|---|---|
| | | | | |
| | | | | |
| | | | | |
| | | | | |
| | | | | |
| | | | | |
| | | | | |
| | | | | |
| | | | | |
| | | | | |
| | | | | |
| | | | | |
| | | | | |
| | | | | |
| | | | | |
| | | | | |
| | | | | |
| | | | | |
| | | | | |

| | |
|---|---|
| **CUSTOMER:** | **CUSTOMER NAME:** |
| **CONTACT ADDRESS:** | |
| | |
| **CONTACT NO:** | **EMAIL:** |
| **OCCUPATION:** | **BIRTHDAY:** |

| APPOINTMENT DATE | TIME | SERVICE | AMOUNT | REMARKS |
|---|---|---|---|---|
| | | | | |
| | | | | |
| | | | | |
| | | | | |
| | | | | |
| | | | | |
| | | | | |
| | | | | |
| | | | | |
| | | | | |
| | | | | |
| | | | | |
| | | | | |
| | | | | |
| | | | | |
| | | | | |
| | | | | |
| | | | | |
| | | | | |

| CUSTOMER: | CUSTOMER NAME: |
|---|---|
| CONTACT ADDRESS: | |
| | |
| CONTACT NO: | EMAIL: |
| OCCUPATION: | BIRTHDAY: |

| APPOINTMENT DATE | TIME | SERVICE | AMOUNT | REMARKS |
|---|---|---|---|---|
| | | | | |
| | | | | |
| | | | | |
| | | | | |
| | | | | |
| | | | | |
| | | | | |
| | | | | |
| | | | | |
| | | | | |
| | | | | |
| | | | | |
| | | | | |
| | | | | |
| | | | | |
| | | | | |
| | | | | |
| | | | | |
| | | | | |

| | |
|---|---|
| **CUSTOMER:** | **CUSTOMER NAME:** |
| **CONTACT ADDRESS:** | |
| | |
| **CONTACT NO:** | **EMAIL:** |
| **OCCUPATION:** | **BIRTHDAY:** |

| APPOINTMENT DATE | TIME | SERVICE | AMOUNT | REMARKS |
|---|---|---|---|---|
| | | | | |
| | | | | |
| | | | | |
| | | | | |
| | | | | |
| | | | | |
| | | | | |
| | | | | |
| | | | | |
| | | | | |
| | | | | |
| | | | | |
| | | | | |
| | | | | |
| | | | | |
| | | | | |
| | | | | |
| | | | | |
| | | | | |